ВЕЖЛИВЫЙ СЛОН

Стихи

Ренаты Мухи, Вадима Левина, Виктора Лунина

Иллюстрации Инны Красовской

Москва
«Махаон»
2011

Рената Муха

ПОСЛУШНЫЙ
ДОЖДИК

ХОРОШАЯ ПОГОДА

Сегодня Солнышку получше,
Оно со мной играет в прятки,
Возьмёт и спрячется за Тучку,
Возьмёт и выглянет украдкой.

ХОРОШАЯ
ПЛОХАЯ ПОГОДА

Стоит Дождливая погода
И удивляется, вздыхая:
– Такие лужи,
Грязь по горло!
Ну кто сказал,
Что я – плохая?

ДОЖДЛИВАЯ ПОГОДА

Прохожие сутулятся,
И капли на окне.
А я иду по улице,
А дождь идёт по мне.

СЫРЫЕ СТИХИ

Дождь
И дождь …
А где же лето?
Не пора ль ему прийти?
Может, это
Лето
Где-то
Заблудилось по пути?

ПОСЛУШНЫЙ ДОЖДИК

Дождик тянется за Тучкой,
Шепчет Тучке на ходу:
– Мама, скучно,
Мама, скучно,
Мама, можно я пойду?

УЖАСНОЕ ГОРЕ

Если случится ужасное горе –
Высохнут лужи и высохнет море,
Высохнут самые длинные реки,
Высохнут даже лекарства в аптеке,
Горько заплачут дожди и фонтаны,
Всхлипнут бураны, закапают краны,
И зарыдают седые морозы,
Если, конечно, не высохнут слёзы.

СТОЯЛА ПЛОХАЯ ПОГОДА...

Часть 1

Стояла плохая погода.
На улице было сыро.
Шёл Человек по городу
И ел бутерброд без сыра.

Часть 2

Стояла плохая погода.
На небе луна погасла.
Шёл Человек по городу
И ел бутерброд без масла.

Часть 3

Стояла плохая погода.
Сердито хмурилось небо.
Шёл Человек по городу
И ел бутерброд без хлеба.

УТРЕННЯЯ ПРОГУЛКА

Как-то вышли на порог
Простокваша и Творог.
Постояли на пороге,
Походили по дороге,
Побродили по двору,
Невзирая на жару,
О знакомых поболтали,
Обсудили все детали.
И не обошлось без спора:
– Как сказать – Творо́г? Не Тво́рог?
Но, споткнувшись о порог,
– Нам пора, – сказал Творог. –
Разговор закончим завтра,
А сейчас нас ждут на завтрак. –
Но друзья при этой мысли
Так расстроились,
Что скисли.

УЛИТКА

Однажды Улитка
Ушла за Калитку,
Чтоб Дочке по почте
Отправить открытку.

Но только она
Дописала до точки,
Пришёл Почтальон к ней
С открыткой от Дочки.

Сначала он долго
Стучал по воротам,
Всё ждал, что Улитка
Откликнется: «Кто там?»

Потом разглядел
Сквозь заборные щели
Одну темноту
(Да и то еле-еле).

Потом обратился
С вопросом к прохожим
И всем пролета-
И ползающим тоже:

– А где, извините,
Здесь ящик почтовый?
А те отвечали:
– Почтовый? Ну что вы?

Потом он опять
Барабанил в Калитку,
Потом под Калитку
Подсунул открытку

И так ей сказал
На прощанье: – Ну вот что.
Пожалуй, пора
Возвращаться на почту.

Пойду и скажу,
Что Улитки нет дома.
Но где же она?
У родных? У знакомых?

На речке? В кино?
В поликлинике? В бане?
– И стоило столько
По мне барабанить? –

Сказала Калитка. –
Вы б лучше вначале
Спросили, а после
По мне уж стучали.

Я чуть не оглохла
От стука и грома!
Улитка-то дома,
А Дома нет дома.

ОДИНОКАЯ СВИНКА

По длинной тропинке
Немытая Свинка
Бежит
Совершенно одна.
Бежит и бежит она,
И вдруг
Неожиданно
У неё зачесалась спина.
Немытая Свинка
Свернула с тропинки,
И к нам
Постучалась во двор,
И хрюкнула жалостно:
– Позвольте, пожалуйста,
О ваш
Почесаться забор.

ВСТРЕЧА ОСЬМИНОГОВ

Один Осьминог подошёл к Осьминогу
И в знак уваженья пожал ему ногу.

ПРОСЬБА

«Я Вас очень прошу», –
Написал мне Чудак
И поставил в конце
Попросительный знак.

КОРАБЛИК

Не знаю откуда,
Не знаю куда
Плывёт-уплывает
По речке вода.
Вот если Кораблик
По речке пущу
И если его я
Потом отыщу,
То, может быть, он мне
Расскажет тогда,
Куда уплывает
По речке вода.

НАЙДИ ОШИБКИ!

Рано утром,
В полвторого,
В полдень
К нам пришла Корова,
И, не вымолвив ни слова,
Молчалива и строга,
Прошептала мне сурово:
– Молока не пей сырого.
Постояла
И ворота
Почесала о рога.

СОВА

Всю ночь
С темноты до рассвета
На ветке
Сидела Сова,
И песню
Сложила про это,
И песню
Сложила про Это,
И песню
Сложила про ЭТО,
А утром –
Забыла слова.

ПРОВОДЫ

Спокойной походкой
Идёт по перрону
С большим чемоданом
Большая Ворона.
А рядом с Вороной,
Чуть дальше и сбоку,
Её провожая,
Шагает Сорока.
И всё б это было
Совсем хорошо,
Если б их поезд
Давно не ушёл.

ОБИЖЕННАЯ ОБУВЬ

Всё в комнате стихло,
Все лампы потухли,
Лишь бродят по кухне
Домашние туфли
И, шаркая, шепчут
В глубокой обиде:
– Так что, мы на улицу
Так и не выйдем?
Стоим мы тут
Месяцы,
Дни и недели,
Но нас
Ни-ку-да
Ни-ко-гда
Не на-де-ли!

ТАРАКАН

Жил в квартире Таракан,
В щели у порога.
Никого он не толкал,
Никого не трогал.
Не царапал никого,
Не щипал,
Не жалил,
И домашние его
Очень уважали.
Так бы прожил Таракан
Жизнь со всеми в мире.
…Только Люди завелись
У него в квартире.

ПРОСТУЖЕННАЯ ПЕСЕНКА СЛОНЁНКА

Семейство Слонов
Перепугано насмерть –
Слонёнок простужен,
И кашель, и насморк.
Лекарства достали,
Компрессы готовы,
Но где продается
Платок хоботовый?

УЖАЛЕННЫЙ УЖ

Бывают в жизни чудеса –
Ужа ужалила Оса.
Ужалила его в живот,
Ужу ужасно больно.
В о т.
А доктор Ёж сказал Ужу:
– Я ничего не нахожу,
Но всё же, думается мне,
Вам лучше ползать
На спине,
Пока живот не заживёт.
В о т.

СЕМЕЙНАЯ ДРАМА

В семье Осьминогов ужасная драма:
За ужином ссорятся Папа и Мама,
А бедные Дети стоят на пороге
И просят Родителей взять себя в ноги.

ХОРОШАЯ МАТЬ

По полям и по полянам,
По пустыням и саваннам,
На прогулку взяв ребёнка,
Невзирая на жару,
В дни, когда другие мамы
Отдыхают по диванам,
Прикарманив Кенгурёнка,
Скачет Мама Кенгуру.

НАРОДНАЯ ОГОРОДНАЯ

В огороде за Забором
Бродят Дыня с Помидором.
Шепчет Дыне Помидор:
– Может, влезем на Забор?
А Забор им отвечает:
– Только вас тут не хватает!

СТРАШИЛКА

Ходят по городу
    Разные Толки,
Что ходят по городу
    Разные Волки.
Люди не верят,
    И Звери не верят,
Но всё-таки заперли
    Окна и двери.

ТРАМВАЙНАЯ КОЛЫБЕЛЬНАЯ

Всё в городе стихло,
Все лампы погасли,
Уснули кино,
Магазины
И ясли.

И только по рельсам,
Со звоном,
Зевая,
Ползут,
Извиваясь,
Ночные
Трамваи.

КНИЖКИНА КОЛЫБЕЛЬНАЯ

За окошком ночь настала,
Где-то вспыхнули зарницы.
Книжка за день так устала,
Что слипаются Страницы.
Засыпают понемножку
Предложенья и Слова,
И на твёрдую Обложку
Опускается Глава.

Восклицательные Знаки
Что-то шепчут в тишине,
И Кавычки по привычке
Раскрываются во сне.
А в углу, в конце Страницы,
Перенос повесил нос –
Он разлуку с третьим Слогом
Очень плохо перенёс.

Не досказаны Рассказы,
Не доеден пир горой.
Не дойдя до этой Фразы,
На ходу заснул Герой.
Перестало даже пламя
Полыхать в полночном мраке,
Где Дракон с одной Драконшей
Состоит в законной драке.

Никого теперь не встретишь
На страницах спящей Книги,
Только медленно плетутся
Полусонные Интриги.
Дремлет Юная Невеста
По дороге под венец,
И заснули Середина,
И Начало, и
К О Н Е Ц.

Рената Муха, Вадим Левин

БЕЗБРОВЫЙ МУРАВЕЙ

БЕЗБРОВАЯ ПЕСЕНКА О МУРАВЬЕ

Жил на свете муравей –
без ресниц
и без бровей.

Он терпеть не мог девиц –
без бровей
и без ресниц.

Потому у муравья
были только сыновья.

Сорок восемь сыновей –
без ресниц
и без бровей.

ДВЕ ПЕСЕНКИ СО СЛОНЁНКОМ

Секретная песенка о слоне

По Борнео и Ямайке
ходит слон
в трусах и майке,
ходит в маминой панаме…
Только это –
между нами.

Испуганная песенка слонёнка

Мы с мамой в Африке живём,
а в джунглях
жизнь –
не шутка!
Там страшно ночью.
Страшно днём.
А в промежутках
жутко.

ВОСКРЕСЕНЬЕ ОСЬМИНОГА

Сегодня доволен собой осьминог –
чудесно провёл он воскресный денёк:

в футбол наигрался Передней ногой,
хороших знакомых проведал Другой,

а Третья каталась в лесу дотемна –
катанье на лыжах любила она,

Четвёртая тоже любила кататься,
но всё же отправилась с Пятой на танцы,

Шестая весь день просидела в кино,
Седьмая играла с Восьмой в домино.

Ещё осьминог собирался к миноге,
но тут,
к сожалению,
кончились
ноги.

КОШКИНА ПЕСЕНКА

В девятиэтажном доме
на десятом этаже
никого не селят,
кроме...

Никого не селят,
кроме...

Никого не селят,
кроме

тех,
кто там
живёт
уже.

БОЛЬШОЕ ПУТЕШЕСТВИЕ МАЛЕНЬКОГО ПИНГВИНА, ИЛИ ПОЧЕМУ ДАЖЕ ПИНГВИНАМ НУЖНО УЧИТЬ ГЕОГРАФИЮ

Вы ничего не слышали о Маленьком Пингвине?
А он на Крайнем Севере, на самой крайней льдине,
Без валенок, расстроенный, стоит в снегу по пояс –
Спешил на ужин к бабушке и перепутал полюс.
Попал на полюс Северный, а сам хотел на Южный,
И вот стоит растерянный и, кажется, простуженный.

На самом Крайнем Севере, на самой крайней льдине,
Где не было до этого пингвинов и в помине,
Где миллионы айсбергов, а может, даже тыщи,
Где никакая Бабушка Пингвина не отыщет,
Стоит Пингвин заброшенный, один в глуши арктической
И ничего хорошего уже не ждёт практически.

Но тут пригрело солнышко, и откололась льдина,
И к Бабушке в Антарктику доставила Пингвина.
И кончилась история совсем не так уж плохо,
Обрадовалась Бабушка, на радостях поохала:
«Ну, вечно происшествия! Ведёшь себя как маленький!
Уходишь в путешествия и забываешь валенки!»

Потом Пингвин поужинал и понял окончательно:
«Конечно, это здорово – гулять самостоятельно!
Такое приключение мне в жизни пригодится,
Могу теперь, пожалуйста, где хочешь заблудиться:
Хоть сам, хоть вместе с Бабушкой… Хотя, пожалуй,
                                                    лучше ей
Гулять на Крайнем Севере лишь в самом крайнем
                                                    случае».

ПЕСЕНКА О ЛОШАДИ

Очень простое животное – лошадь.
С виду мила и характер хороший.

Лошадь
За стол никогда не садится.
Лошадь
в постель никогда не ложится.

Ест она
Стоя.
И спит она
Стоя.

Лошадь –
животное очень простое.

ПЕСЕНКА О ДОЖДЕ

Он с утра хлестал, хлестал!
А потом хлестать устал.
Но подмоги не просил –
моросил
по мере сил.

Вадим Левин

ПОЧЕМУ МОЛЧИТ КОРОВА?

ВСТРЕЧА

– Здравствуйте, листочки!
Откуда вы?

– Из почки.

– А я – из дома
            в детский сад,
И я вам очень-очень рад!

АППЕТИТНАЯ ПЕСЕНКА ДЛЯ ЛЁШКИ

Стоял кораблик-ложка
В Картофельном порту.
Ушёл кораблик-ложка
С картошкой на борту.

Поплыл кораблик-ложка
С картошкой по волнам...
Плывёт кораблик-ложка,
А Лёшка его:
            – АМ!

ПОРОСЁНОК ИСКУПАЛСЯ

Поросёнок мылся в луже –
только вымазался хуже.

БАРАН ЛЕТОМ

Баран и в самом деле глупый:
все налегке, а он в тулупе.

ХРАБРЫЙ КРОТ

Глубоко под нами где-то
роет Крот подземный ход.
Не боится жить без света
небольшой, но храбрый Крот.

ЛЯГУШКА

Она всю жизнь живёт в болоте –
и ведь по собственной охоте!

ОБИЖЕННЫЙ ЁЖИК

– Никакой я не колючий.
Ты узнай меня получше!
Это колются иголки,
а под ними
я не колкий!

ПОЧЕМУ МОЛЧИТ КОРОВА?

Я кричу: «Привет, корова!»
А она
в ответ
ни слова.

У коровы занят рот –
целый день она жуёт.
Ей, корове,
молоко
достаётся нелегко.

ГЛУПАЯ ЛОШАДЬ

Лошадь купила четыре калоши –
пару хороших и пару поплоше.

Если денёк выдаётся погожий,
лошадь гуляет в калошах хороших.

Стоит просыпаться первой пороше –
лошадь выходит в калошах поплоше.

Если же лужи по улице сплошь,
лошадь гуляет совсем без калош.

Что же ты, лошадь, жалеешь калоши?
Разве здоровье тебе не дороже?

ПЕРВАЯ СЧИТАЛОЧКА
ДЛЯ КОШКИ

Раз, два, три,
четыре, пять.
Кошка учится считать.
Потихоньку,
понемножку
прибавляет к Мышке Кошку.
Получается ответ:
«Кошка – есть,
а Мышки –
нет!»

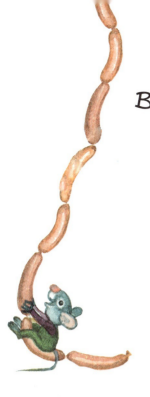

ВТОРАЯ СЧИТАЛОЧКА
ДЛЯ КОШКИ

Кошки,
Мышки,
Кошки,
Мышки,
Кошки,
Мышки,
Кошки,
Мышки,
Кошки,
Мышки,
Кошки,
Мышки,
Кошки,
К о ш к и,
К о ш к и,
К о ш к и.

КОШАЧЬЯ ВЕЖЛИВОСТЬ

Кошачья вежливость не в том,
Чтоб не поссориться с котом.

А в том, чтобы, увлёкшись дракой,
Не обозвать кота собакой.

ВЫШЛИ ВАСЬКИ ПОГУЛЯТЬ

Шли по крыше три кота.
Три кота
Василия.

Поднимались
три хвоста
прямо в небо синее!

А на небе облака
прорисованы слегка
и серебряно плывёт
самолёт.

А над крышей и трубой
пар клубится голубой.
И оттаял крышин бок,
и намок.

А внизу – блестит вода,
и сверкают провода,
и от снега, ото льда –
ни следа!

Сели Васьки на карниз,
посмотрели вверх и вниз,
и сказали три кота:
– КРАСОТА!

МЫШКИНА СЧИТАЛКА

– Раз, два,
три, четыре.
Сосчитаем дыры в сыре.

Если в сыре много дыр,
значит, вкусным будет сыр.

Если в нём
одна дыра,
значит, вкусным
был
вчера.

МЫШКИ В КНИЖКЕ

Посмотри-ка:
на портрете
Мама-мышь и мышки-дети.

Глянь на Маму, глянь на Дочку:
глазки –
прямо
точка в точку!

На портрете десять точек.
Подсчитай-ка: сколько дочек?

ХИТРАЯ МЫШКА

Спал кот у ворот –
загораживал проход.

Прибежала мышка
и сказала:
– Ишь, как
развалился на пути,
даже в дом нельзя пройти!

Щекотнула мышка
у кота
под мышкой.

Кот проснулся –
кверху хвост,
потянулся –
сделал мост...

Мышка
шмыг
под мостом –
и в дом...

Правда, хитрая мышка?

НОЧНАЯ ПЕСЕНКА КОТЯТ

Как жаль, что дети по ночам
лежат в своих кроватях
и запрещают люди нам
на крыши приглашать их.

На крышах, правда, нет мышей,
но видно всё прекрасно.
И потому за малышей
обидно нам ужасно.

Ведь не узнают малыши,
ведь только нам знакомо,
как хорошо в ночной тиши
гулять по крыше дома,

когда одни в полночный час
бредём под небесами,
а небеса глядят на нас
кошачьими глазами.

ЧЕРВЯК-ЧУДАК

Шёл по улице Червяк.
Это выглядело так:

то себя сожмёт в кулак,
то растянется чудак.

Шёл по улице Червяк,
всем показывал кулак:

что ни шаг, то кулак,
что ни шаг, то кулак,
что ни шаг, то кулак –
не по злобе, просто так…

Шёл по улице Червяк –
забияка и чудак:

сорок восемь кулаков
показал –
и был таков.

НЕАППЕТИТНАЯ ПЕСЕНКА

С утра пораньше в воскресенье
уселась Муха есть варенье.
    Но вдруг
    Паук
    как прибежит!
Испортил Мухе настроенье
и перебил ей аппетит.

ШКОЛА ДЛЯ ЩЕНКОВ

Когда щенки приходят в класс,
ни ссор у них, ни драк.
И в тишине
за часом час
часы стучат:
– ТИК-ТАК.

Когда щенки приходят в класс,
там учатся они
вилять хвостом,
встречая нас,
а вот кусать –
НИ-НИ!

Когда щенки приходят в класс,
щенкам не до забав.
Учитель им считает:
– Р-р-раз!
И все в ответ:
– ГАВ-ГАВ!

КАК НАДО РАСТИ

Растут незаметно
щенки и цветы.
Во сне подрастают
цыплята
и ты.

Следил я за маком
всю ночь напролёт,
и мне показалось –
цветок не растёт.

Но стоило лечь
и проснуться потом –
как сразу увидел:
раскрылся бутон.

Пораньше ложись
и вставай по часам –
и сам не заметишь,
как вырастешь сам.

ИСТОРИЯ СО МНОЙ, ОКНОМ И МУХОЙ

Я нос уткнул в оконное стекло.
Осенним ветром муху принесло.
Она снаружи на окне сидит
и на меня внимательно глядит.
Я думаю, что мухе повезло:
и интересно, и ногам тепло.

НОЧНЫЕ СТИХИ
О СТИХАХ И СОВЕ

Ренате Мухе

Этой ночью внезапно прошёл над лесами
тёплый ливень. А может быть, два.
И намокшие ветви, поникнув, свисали,
и во сне лопотала листва.

И всю ночь
от вечерней зари до рассвета
даже глаз не сомкнула сова
и смотрела вокруг то на то, то на это,
для стихов подбирая слова.

И видала, как чёрная туча над бором
прохудилась и двинулась прочь,
а звериная мелочь, забившись по норам,
мелкой дрожью дрожала всю ночь.

И мышата сидели неслышно, как мыши:
что поделать – дрожи не дрожи,
а луна над лесами всё ярче и выше,
всё опасней шныряют ежи.

И всю длинную-длинную ночь до рассвета
ни на миг не вздремнула сова
и к рассвету стихи сочинила про это,
а наутро забыла слова.

Виктор Лунин

ВЕЖЛИВЫЙ СЛОН

ДОМ ПОД КРЫЛЬЦОМ

Под крыльцом построен дом –
Лубяная крыша.
Кто живёт в домишке том?
Ну, конечно, мыши!

Из зерна они пекут
Вкусные лепёшки
И мышонка берегут
От соседки-кошки.

ЩЕНОК

В луже искупался
Белый мой щенок –
Чёрным стал, как сажа,
С головы до ног.

Выкупал я в ванне
Чёрного щенка –
Стал щенок мой снова
Белее молока.

ЧТО ХОЧЕТСЯ ЛОШАДКЕ

Очень хочется лошадке
Вместо сена и травы
Съесть на завтрак
Шоколадку
Или чуточку халвы.

Очень хочется лошадке
Торт слоёный на обед,
А на ужин
Сладкий-сладкий
Из пирожных
Винегрет.

В крайнем случае,
Печенья
Хоть кусочек откусить…
Но не знает,
К сожаленью,
Как об этом
Попросить!

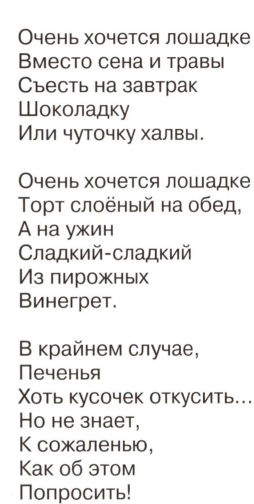

ЦАП-ЦАРАП
И ЧИК-ЧИРИК

Чуть слышен шорох мягких лап
Крадётся тихо Цап-Царап.
Но зря крадётся!
В тот же миг
Вспорхнул на ветку Чик-Чирик.

ВЕЖЛИВЫЙ СЛОН

Вышел слон на лесную дорожку,
Наступил муравью на ножку
И вежливо
Очень
Сказал муравью:
– Можешь и ты

       наступить на мою!

С КЕМ ТЫ, ЗАЙКА, ДРУЖИШЬ?

– С кем ты, зайка, дружишь
Зимнею порой?
– Со скрипучим снегом,
С молодой корой,
А ещё с метелью,
Что средь бела дня
Столько раз спасала
От лисы меня!

БЕГЕМОТ

Надоела бегемоту
Ежедневная работа.
Он, усталый от забот,
Лёг бревном среди болот.

А работа у него –
Есть.
И больше ничего!

ВЕРБЛЮД

– Люблю свой горб, – сказал верблюд, –
Я больше всех на свете блюд.
Когда в пустыне я хожу,
Когда поклажу развожу,
Он даст напиться без воды
И наесться без еды.

ВОЛК

Говорит барану волк:
– Ну какой от дружбы толк?
Если мы с тобой – друзья,
Значит, съесть тебя нельзя!

ЖЕРЕБЁНОК

По дорожке –
Цок, цок, цок –
Цокают
Копытца…
– Жеребёнок,
Где ты смог
Так бегать
Научиться?

– Научился бегать я
В жеребячьей школе
За деревней,
У ручья,
На широком поле.

ЖИРАФ

Любит шею мыть жираф.
И конечно же он прав:
Грязь на длинной шее
Кажется грязнее.

КИТ

Хоть вешу я десятки тонн,
Но ем лишь крохотный планктон.
Он – суп, жаркое и компот
В моём меню который год.

КОШКА

– Что ты, кошка, сторожишь?
– Сторожу у норки мышь.
Выйдет мышка невзначай,
Приглашу её на чай!

КРОКОДИЛ

Рыдает горько крокодил:
– Ах, я лягушку проглотил.

Но ты не верь своим глазам
И крокодиловым слезам:
Он так рыдает потому,
Что очень голодно ему.
А ты бы рядом проходил,
Он и тебя бы проглотил!

МОШКИ

Облепили лампу мошки,
Греют тоненькие ножки.
Осторожно, мошки!
Обожжёте ножки!

СУЧОК НА ТРОПИНКЕ

Тренди-бренди, тренди-бредь!
По тропинке шёл медведь.
По тропинке шёл медведь
На малину поглядеть.
На сучок ногою встал,
Поскользнулся и упал.
Растерялся – испугался,
Что в капкан ногой попался.
С перепугу задрожал,
Подскочил и убежал.
Видно, трусом был медведь,
Тренди-бренди, тренди-бредь!

Трали-вали, чудеса!
По тропинке шла лиса.
По тропинке шла лиса
И глядела в небеса.
На сучок ногой ступила,
Растянулась и завыла.
Хвать его что было силы –
Только лапу занозила!
Ох, и злой ушла лиса,
Трали-вали, чудеса!

Стуки-стуки-стуки-стук!
По тропинке шёл барсук.
По тропинке шёл барсук,
Наступил ногой на сук.
Поскользнулся, растянулся,
Встал на ноги, отряхнулся,
Почесал в раздумье спинку,
Отодвинул сук с тропинки,
И пошёл себе барсук,
Стуки-стуки-стуки-стук!

ПОДАРКИ

Мне туфельки
Мама
Вчера подарила,
Конфеты
Мне папа
Принёс.
Сестра подарила
Мне щётку и мыло,
А брат –
Заводной паровоз.

Ещё подарили мне
Чашку, и ложку,
И кубики –
Строить дома.
Но рыжую кошку,
Прекрасную кошку
Нашла во дворе
Я сама!

Я ВИДЕЛА ЧУДО

Я видела чудо!
Я чудо видала!
У нашего дома
Лошадка стояла.
С копытами,
С гривой,
С лохматым хвостом!
С телегой,
Оглоблями
И хомутом!

Стояла лошадка,
Стояла живая!
Стояла тихонько
И сено жевала,
И сонно смотрела
Она на меня...
Счастливее не было
Этого дня!

Я быстро к лошадке –
К живой –
Подбежала
И, бок ей погладив,
Несмело сказала:
– Ах, как хорошо,
Что пришла ты сюда!
Останься, лошадка,
У нас навсегда!

КТО-ТО И ЧТО-ТО

Когда-то и Где-то
Какой-то там Кто-то
На Что-то
Задумал залезть.

Но есть у Чего-то
Не то чтобы Что-то,
Но что-то такое,
Что есть.

Поэтому Кто-то
Свалился с Чего-то,
Как только
Залез на него.

С тех пор про Кого-то,
А также про Что-то
Не слышал
Никто
Ничего!

МОЖНО ПРОСТУДИТЬСЯ

Жарким солнечным деньком
Без пальто, без шапки
И, конечно, босиком
Шли на речку тапки.

Вдруг глядят они – гуськом,
Напевая что-то,
В плащ одеты, под зонтом,
Лезут в речку боты.

Закричали тапки: «Эй!
Боты, как же это?
Раздевайтесь поскорей,
В речке – тоже лето!»

Но сказали боты: «Кхе!
Холодна водица!
Мы без зонтика в реке
Можем простудиться!»

ТАРАРАМ

Кто приехал
В гости к нам?
К нам приехал
ТАРАРАМ!
Как приехал,
Сразу,
Сразу
Начались его проказы.
Книжки все
Поразбросал,
Стенки все
Поисписал,
Стул забросил на окошко,
В холодильник сунул кошку,
Спрятал бабушкины тапки,
В суп, для вкуса,
Сунул тряпки,
Ну а в комнате,
В углу,
Дырку высверлил в полу.

И сказал:
– Ходите тише!
Не придут иначе
Мыши!
Очень мышек я люблю!
Ну а кошек –
Не терплю!
В миг он всё переиначил.
В общем,
Задал нам задачу.
Что, скажите,
Делать нам,
Если в доме
ТАРАРАМ?

ЖУК

Жучишка-крошка
Влетел в окошко.
Возле меня полетал немножко,
Потом уселся нá ухо кошки,
Потом попил компота из ложки,
Потом попробовал хлебные крошки
Возле оставленной кем-то лепёшки,
Потом наелся варёной картошки,
Потом слегка искупался в окрошке...
И очень довольный, что сыт и цел,
Запел по-жучьи
И улетел.

ЧТО Я ВИЖУ

Когда перед сном
Я в кровати лежу
И, чуточку щурясь,
На стенку гляжу,
Мне кажется –
Перед собою
Я вижу зверей на обоях.

Вот слон полосатый
Идёт не спеша,
Вот утка с утятами
Спит в камышах,
А рядом – лиловая львица
За страусом в крапинку
Мчится.

Когда я прищурюсь
Немного сильней,
Я вижу не серые
Пятна теней,
А множество стройных и длинных
Серебряных шей журавлиных.

Когда же слоны
Начинают летать,
А львица,
Как птица,
В гнезде щебетать,
Тогда я глаза закрываю
И сразу легко засыпаю!

ХУДОЖНИК

В уголке сидела мышка,
Грызла сладкую коврижку,
Запивала молоком,
Заедала крендельком.

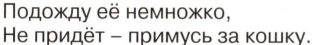

Взял я толстую тетрадь,
Чтобы мышь нарисовать,
Но тотчас она сбежала –
Где ты, мышка?
Не видать!

Подожду её немножко,
Не придёт – примусь за кошку.

КОМАР

– Я тоже слон, –
Сказал комар, –
Хоть я пока
Уж-жасно мал.

Вам подтвердит
Любой цветок,
Что я имею
Хоботок.

Когда я стану
Больше птицы,
Он сразу в ХОБОТ
Превратится!

ГУСЕНИЦА
(из Кристины Россетти)

Гусеница, гусеница,
В шубке золотистой,
Отправляйся, гусеница,
Под листок тенистый.

От лягушки под листком
Сможешь ты укрыться,
В голубой его тени
Не заметит птица.

Предстоит тебе скрутиться
В кокон под листком,
Чтобы вновь потом родиться
Мо-
      тыль-
            ком.

ЛЯГУШКА-ПОПРЫГУШКА
(из Кристины Россетти)

Лягушка-попрыгушка,
Скачи ко мне без страха,
Тебя я не обижу,
Не стукну никогда.
Скачи, скачи, лягушка –
Зелёная рубаха,
Должны мы жить,
Друг другу не принося вреда.

НИКОГО НЕ ОБИЖАЙ

(из Кристины Россетти)

Никого не обижай –
Ни пчелу, ни мушку,
Ни улитку,
Ни жучка – тёмненькое брюшко,
Ни кузнечика,
В траве
Скачущего ловко,
Ни блестящую в листве
Божию коровку,
Ни синицу, ни дрозда,
Ни крота слепого…
Ни за что,
Никогда
Не обижай живого.

СОДЕРЖАНИЕ

Рената Муха
ПОСЛУШНЫЙ ДОЖДИК

Рената Муха, Вадим Левин
БЕЗБРОВЫЙ МУРАВЕЙ

Вадим Левин
ПОЧЕМУ МОЛЧИТ КОРОВА?

Виктор Лунин
ВЕЖЛИВЫЙ СЛОН

УДК 821.161.1-(082)-1-93
ББК 84 (2Рос=Рус)-5
В26

Литературно-художественное издание

Для дошкольного возраста

Серия «ДЛЯ САМЫХ МАЛЕНЬКИХ»

ВЕЖЛИВЫЙ СЛОН

Стихи

Ответственный редактор *А. Ю. Бирюкова*
Художественный редактор *Е. Р. Соколов*
Технический редактор *М. В. Гагарина*
Корректоры *Н. М. Соколова, Т. С. Дмитриева*
Вёрстка *И. А. Гортинская*

Подписано в печать 12.04.2011.
Формат 84×108 $^1/_{16}$. Бумага офсетная.
Гарнитура «Pragmatica». Печать офсетная. Усл. печ. л. 13,44.
Тираж 8000 экз. D-AE-4755-01-R. Заказ № 1493.

128 с., с ил.

ISBN 978-5-389-02056-6

ООО «Издательская Группа «Азбука-Аттикус» —
обладатель товарного знака Machaon
119334, Москва, 5-й Донской проезд, д. 15, стр. 4
Тел. (495) 933-76-00, факс (495) 933-76-19
E-mail: sales@atticus-group.ru; info@azbooka-m.ru

Филиал ООО «Издательская Группа «Азбука-Аттикус» в г. Санкт-Петербурге
196105, Санкт-Петербург, ул. Решетникова, д. 15
Тел. (812) 324-61-49, 388-94-38, 327-04-56, 321-66-58, факс (812) 321-66-60
E-mail: trade@azbooka.spb.ru; atticus@azbooka.spb.ru

ЧП «Издательство «Махаон-Украина»
04073, Киев, Московский проспект, д. 6, 2-й этаж
Тел./факс (044) 490-99-01
e-mail: sale@machaon.kiev.ua

ЧП «Издательство «Махаон»
61070, Харьков, ул. Ак. Проскуры, д. 1
Тел. (057) 315-15-64, 351-25-81
e-mail: machaon2@machaon.kharkov.ua

www.azbooka.ru; www.atticus-group.ru

Отпечатано в полном соответствии с качеством предоставленных
издательством материалов в ОАО «Тверской ордена Трудового Красного
Знамени полиграфкомбинат детской литературы им. 50-летия СССР».
170040, г. Тверь, проспект 50 лет Октября, 46.